curiosidad por
EL CAMPISMO

POR KRISSY EBERTH

AMICUS LEARNING

¿Qué te causa

curiosidad?

CAPÍTULO TRES

Ir de campamento

PÁGINA

14

Curiosidad por es una publicación de Amicus
P.O. Box 227, Mankato, MN 56002
www.amicuspublishing.us

Editora: Alissa Thielges
Diseñadora de la serie: Kathleen Petelinsek
Diseñadora de libro: Lori Bye

Información del catálogo de publicaciones
Names: Eberth, Kristin, author.
Title: Curiosidad por el campismo / Krissy Eberth.
Other titles: Curious about camping. Spanish
Description: Mankato, Minnesota: Amicus Learning, 2024. | Series: Curiosidad por las actividades al aire libre | Includes index. | Audience: Ages 5–9 | Audience: Grades 2–3 | Summary: "Spanish questions and answers give kids the fundamentals of camping, including what to pack and where to camp. Includes infographics to support visual learning and back matter to support research skills, plus a glossary and index. Translated into North American Spanish"—Provided by publisher.
Identifiers: LCCN 2023017204 (print) | LCCN 2023017205 (ebook) | ISBN 9781645497912 (library binding) | ISBN 9781645498452 (paperback) | ISBN 9781645497998 (pdf)
Subjects: LCSH: Camping—Juvenile literature.
Classification: LCC GV191.7 .E2418 2024 (print) | LCC GV191.7 (ebook) | DDC 796.54—dc23/eng/20230411
LC record available at https://lccn.loc.gov/2023017204
LC ebook record available at https://lccn.loc.gov/2023017205

Image credits: Getty/Oxana Denezhkina, 8, Stephen Swintek, cover, 1, Thomas Barwick, 10, Yagi-Studio, 9; Krissy Eberth, 14–15; Shutterstock/Air Images, 4–5, anatoliy_gleb, 6, Blueee77, 13, Felipe Sanchez, 13, jaboo2foto, 2, 13 (tent), Javier Cruz Acosta, 11, Jesse Seniunas, 12, KPixMining, 16, mariakray, 20–21, minizen, 22, 23, New Africa, 17, Pikoso.kz, 13, Rexjaymes, 13, Soloviova Liudmyla, 18–19, VectorMine, 7

Impreso en China

¿Cómo debo vestirme para acampar?

¿SABÍAS?
Es mejor la ropa de secado rápido o transpirable. El algodón y la mezclilla se mantienen mojados por mucho tiempo. Puede darte frío con ellos.

Primero, revisa el clima. Si hace calor, ponte pantalones cortos y una camiseta. Lleva un impermeable por si llueve. Si hace frío, ponte pantalones largos y una sudadera. Las mañanas pueden ser frías. Podrías necesitar un abrigo, guantes y un gorro. Las botas de senderismo protegen los pies de las rocas filosas. Las sandalias cerradas protegen los dedos en el agua.

Mucha gente pesca cuando acampa durante el verano.

El cielo nocturno se ve más despejado cuando acampas.

¿Qué pasa si me da miedo la oscuridad?

TIPOS DE FOGATAS

Cabaña

Tipi

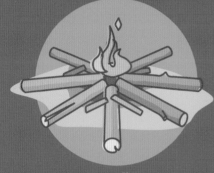

Estrella

Pirámide

No pasa nada. Puedes aprender a amar la oscuridad. Es divertido hacer una fogata y contar historias por la noche. Puedes usar una linterna de mano o de cabeza para ver. Lleva una cobija o peluche especial para ayudarte a no tener miedo.

¿Qué equipo necesitaré?

Las bolsas de dormir pueden enrollarse cuando no se estén usando.

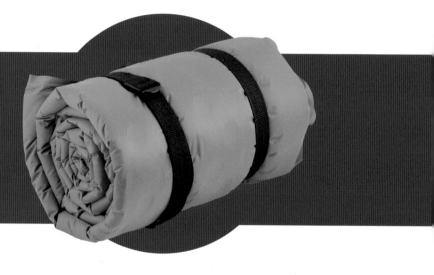

Para dormir, necesitarás una bolsa de dormir, una tienda de campaña, una colchoneta y una almohada. También necesitas cubiertos, ollas y platos para cocinar y comer. Guarda tu equipo en una mochila o contenedor de plástico. Eso es facil para transportar. ¡No olvides el protector solar!

La tienda de campaña te mantiene a salvo de los bichos y la lluvia.

cubretecho

postes

cuerpo de la tienda

puerta de malla

cuerdas

estacas

CAPÍTULO DOS

¿A dónde puedo ir a acampar?

¿SABÍAS?
El campismo en lugares remotos se hace en la naturaleza. Debes caminar hasta el sitio elegido.

Los campistas de lugares remotos llevan todo lo que necesitan hasta el sitio elegido.

¡Puedes empezar en tu patio trasero! Es un buen lugar para practicar. Los parques nacionales y estatales tienen excelentes sitios para acampar. ¡Algunos lugares tienen baños, duchas y una piscina! Otros son más **rústicos**. No tienen agua corriente. **Reserva** un sitio para acampar que se ajuste a tus intereses.

Las zonas de campamento tienen muchos sitios que elegir.

¿Tengo que dormir al aire libre?

Las cabañas pueden ser lugares relajantes donde estar en la naturaleza.

No. No todos acampan en una tienda de campaña. Algunas personas tienen **vehículos recreativos** o cámpers. Estas son como casas con ruedas, con camas e, incluso, electricidad. La gente las conduce o las remolca con sus vehículos. Algunas personas se quedan en una cabaña o en una **yurta**.

TIENDA DE CAMPAÑA

YURTA

CÁMPER PLEGABLE

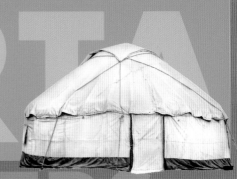

VEHÍCULO RECREATIVO DE CINCO RUEDAS

CASA RODANTE

3

¿Qué puedo hacer cuando esté acampando?

¡Hay mucho para hacer! Es divertido caminar, andar en bicicleta y nadar. Algunos campistas escalan rocas, pescan o hacen **observación de aves**. Puedes explorar el área y buscar animales. Si llueve, puedes jugar cartas o un juego de mesa. ¡También es genial probar el canotaje y hacer kayak!

Algunas personas cuelgan hamacas para relajarse mientras acampan.

Las garrapatas de los venados pueden transmiti enfermedades.

¿Hay bichos?

Sí. Puede haber muchos bichos, dependiendo donde acampes. ¡Lleva repelente! Todas las tardes, revisa que no tengas **garrapatas** en el cuerpo. Los pantalones largos, los calcetines y las mangas largas pueden prevenir picaduras de insectos. Si tienes una picadura que te da comezón, ponte **loción de calamina**.

Ponte repelente antes de la caminata para evitar picaduras.

Los malvaviscos asados son un bocadillo clásico al acampar.

¿Qué como?

IR DE CAMPAMENTO

Tú llevas tu propia comida. Trata de elegir cosas fáciles de preparar. Las salchichas en palillos y la avena son buenas opciones. Puedes cocinarlas sobre la fogata. Empaca muchos bocadillos, como mezclas de frutos secos. La actividad al aire libre abre el apetito. ¡No olvides los s'mores! Son un sabroso bocadillo junto a la fogata.

¿Qué pasa si tengo que ir al baño?

Los campamentos tienen baños. Se camina una distancia corta hasta ellos. ¡Algunos vehículos recreativos tienen baños adentro! Los sitios para acampar rústicos tienen **letrinas**. Lleva desinfectante de manos para limpiarte las manos.

Se pueden encontrar letrinas cerca de los caminos de senderismo y sitios para acampar rústicos.

HAZ MÁS PREGUNTAS

¿Qué puedo cocinar sobre la fogata?

¿Se puede acampar en invierno?

Prueba con una PREGUNTA GRANDE:
¿Cómo acampar afecta el medio ambiente?

BUSCA LAS RESPUESTAS

Busca en el catálogo de la biblioteca o en Internet.
Pueden ayudarte tus padres, un bibliotecario o un maestro.

Usar palabras clave
Busca la lupa.

Las palabras clave son las palabras más importantes de tu pregunta.

¿

Si quieres saber sobre:

- qué cocinar sobra una fogata, escribe: RECETAS PARA FOGATAS

- acampar en invierno, escribe: ACAMPAR EN INVIERNO

GLOSARIO

garrapata Insecto pequeño que bebe la sangre de los animales y las personas.

letrina Un tipo de baño que acumula el excremento humano en un hoyo en la tierra.

loción de calamina Medicamento cremoso que se unta sobre la piel para aliviar la comezón.

observación de aves Observar las aves en la naturaleza.

reservar Hacer acuerdos para usar o tener algo posteriormente.

rústico Un sitio para acampar simple, que no tiene agua o baños modernos.

transpirable Tela que retira el sudor de la piel.

vehículo recreativo Un vehículo grande con cama, baño y cocina que se usa durante el viaje.

yurta Una tienda redonda cubierta con pieles de animales y que puede desmontarse para transportarla.

ÍNDICE

Acerca de la autora

A Krissy Eberth le encanta la aventura, especialmente acampar con su esposo y sus dos hijas. Cuando no está en su escritorio, se la puede encontrar esquiando, practicando senderismo o recorriendo en bicicleta los caminos del norte de Minnesota.